Ricette d'Elisa

Elisa Santella

Ricette d'Elisa

Cosa cucino oggi? Was koche ich heute?

Rezeptvorschläge aus meiner deutsch-italienischen Küche...

Bibliografische Information der Deutschen Nationalbibliothek:
Die Deutsche Nationalbibliothek verzeichnet diese Publikation in der Deutschen
Nationalbibliografie; detaillierte bibliografische Daten sind im Internet
über http://dnb.d-nb.de abrufbar

© 2010

Herstellung und Verlag: Books on Demand GmbH, Norderstedt

ISBN: 9783839112601

Inhalt

Grundrezept Pizza

Zutaten für ca. 4-5 Personen:
500g Mehl
250ml lauwarmes Wasser
1 Pck. Trockenhefe
etwas Mehl zum Bearbeiten
1 TL Salz
1 EL Olivenöl

Zubereitung:
Mehl, Wasser, Hefe, Salz und Öl in einer großen Schüssel mit den Knethaken rühren bis alles gründlich vermengt ist. Dann mit den Händen weiterarbeiten und den Teig kneten bis er sich elastisch und fest anfühlt (es sollte nichts mehr kleben).

Anschließend den Teig (in der Schüssel) zudecken und 30 Min. an einen warmen Ort gehen lassen. Schließlich den Teig auf einem bemehlten Brett mit dem Nudelholz etwas ausrollen und auf dem Pizzablech mit den Fingerspitzen gleichmäßig verteilen.

Nun kann der Pizzateig nach Belieben belegt werden und im Backofen bei 180°C Umluft (200°C Ober-/Unterhitze) 30 Min. backen.

Tipp: Ich nehme immer Pizzatomaten und Mozzarella.

Grundrezept Pasta

Zutaten für 4 Personen:
400g Mehl
4 Eier
1 TL Salz

Zubereitung:
Mehl, Eier und Salz in einer Schüssel mit den Knethaken rühren bis alles gründlich vermengt ist. Dann mit den Händen weiterarbeiten und den Teig kneten bis er sich fest anfühlt (es sollte nichts kleben).

Nun kann der Teig nach Belieben weiterverarbeitet werden, z.B. mit der Nudelmaschine (zum Kurbeln). Hier sollte man den Teig zunächst einmal plattwalzen (bis Stufe 2) und anschließend zu Spaghetti oder Tagliatelle verarbeiten.

Sollte keine Nudelmaschine im Haus sein, kann der Teig auch mit einem Nudelholz dünn (ca. 1-2 mm) ausgerollt werden (am besten in Etappen). Schneidet man nun ca. 1 cm breite Streifen, erhält man ganz einfach selbstgemachte Tagliatelle. Schneidet man hingegen ca. 20 cm große Platten aus, erhält man Lasagne-Platten.

Die Pasta (ob Tagliatelle, Spaghetti oder die Lasagne-Platten) muss nur noch in Salzwasser gekocht werden (Wasser zum Kochen bringen, Pasta hineingeben und ca. 3 5 Minuten kochen)

Saucen-Ideen folgen…

Grundrezept Gnocchi

Zutaten für 4-5 Personen:
1kg Kartoffeln
Salz
300g Mehl
etwas Mehl für das Arbeitsbrett (groß)

Zubereitung:
Kartoffeln schälen, kochen (ca. 20 Min.) und abgießen. Anschließend durch die Kartoffelpresse auf ein großes Brett drücken.

Abkühlen lassen, salzen, in kleinen Mengen Mehl dazugeben und mit den Händen bearbeiten/durchkneten.

Aus dem Teig daumdicke Rollen in beliebiger Länge formen und in 3 cm lange Stücke schneiden. Diese dann über einen Gabelrücken ziehen um die typischen Rillen zu erhalten.

Die Gnocchi in Salzwasser kochen bis sie an die Wasseroberfläche steigen. Abgießen, mit einer beliebigen Soße servieren oder im Ofen mit Butter und Mozzarella überbacken.

Grundrezept Polenta

Zutaten für 4-5 Personen:
1,5l Wasser
Salz
2 Kartoffeln
500g Maisgrieß (Polenta)

Zubereitung:
Kartoffeln schälen und ca. 20 Min. kochen.

Erst jetzt die 1,5l Wasser mit Salz zum Kochen bringen. Die Kartoffeln durch die Kartoffelpresse in das kochende Wasser geben. Nun nach und nach das Maisgrieß unter ständigem Rühren hineingeben.

Wärme runter stufen und weiter umrühren. Vorsicht: die Masse spritzt!

Die Polenta ist erst dann fertig, wenn sie sich vom Topfrand löst. Das dauert ca. 30 Min.! Unbedingt (fast) durchgehend rühren, ansonsten brennt die Polenta sehr schnell an.

Polenta kann mit einer Tomatensauce oder ganz einfach mit warmen Olivenöl und Parmesankäse serviert werden.

Ragu all'Elisa

Zutaten für 4 Personen:
500g gemischtes Hackfleisch
2 EL Olivenöl
1 Zwiebel
500ml Tomatensauce (passierte Tomaten)
1 Dose Pizzatomaten
frisches Basilikum
Salz, Pfeffer

Zubereitung:
Zwiebel schälen, kleinschneiden und mit Olivenöl in einem Topf goldgelb andünsten. Anschließend Hackfleisch dazugeben und anbraten. Mit Salz und Pfeffer würzen. Wenn das Hackfleisch leicht grau „gebraten" ist, die Tomatensauce und die Pizzatomaten dazu gießen. Basilikum abzupfen und untermischen.

Nun die Sauce ca. 2 Std. köcheln lassen (ganz niedrige Stufe).

Mit selbstgemachter Pasta oder anderen Nudeln und ein bisschen Parmesankäse servieren.

Spinat-Gorgonzola-Sauce

Zutaten für 500g Nudeln:
500g Spinat (auch TK)
2 Knoblauchzehen
1 kleine Zwiebel
2 EL Olivenöl
150g Gorgonzola
150g Sahne
Salz, Pfeffer
Prise Muskatnuss

Zubereitung:
Spinat in Salzwasser 5 Min. kochen, abgießen und mit Eiswasser abschrecken.

Knoblauch und Zwiebel schälen und fein hacken. In einer großen Pfanne Olivenöl erhitzen, Zwiebel und Knoblauch glasig dünsten.

Käse grob würfeln und mit der Sahne verrühren.

Anmerkung: Jetzt Nudeln in Salzwasser kochen, damit diese zusammen mit der Sauce fertig gegart sind.

Gorgonzola und Sahne in die Pfanne zu den Zwiebeln und Knoblauch geben und unter Rühren köcheln lassen, bis eine cremige Sauce entsteht. Spinat darin anwärmen. Mit Salz, Pfeffer und Muskatnuss abschmecken.

Nudeln abgießen und mit der Sauce servieren.

Schnelle Tomaten-Champignon-Sauce

Zutaten für 500g Nudeln:
500ml Tomatensauce (passierte Tomaten)
500g Pizzatomaten
250g Champignons
150ml Sahne
2 EL Olivenöl
Salz, Pfeffer
frisches Basilikum

Zubereitung:
Champignons in Scheiben schneiden. Olivenöl in einer großen Pfanne erhitzen, Champignons anbraten, Tomatensauce und Pizzatomaten dazugeben.

Alles für ca. 10 Min. köcheln lassen. Sahne dazugeben und mit Salz, Pfeffer und Basilikum-Blätter würzen.

Nachdem man die Champignons in Scheiben geschnitten hat, kann man auch schon das Wasser für die Nudeln aufsetzen. Wenn dann die Sauce fertig ist, sind auch die Nudeln gar!

Pasta e Fagioli

(italienische Nudelsuppe)

Zutaten für 4 Personen:
500g Cannarozzi (kurze italienische Nudeln in Röhrchen-Form)
1 EL Olivenöl
1 Dose Pizzatomaten
500ml Tomatensaucen (passierte Tomaten)
1 Dose Kidneybohnen
Basilikum (gehackt)
Salz, Pfeffer

Zubereitung:
Cannarozzi im kochenden und gesalzenen Wasser kochen (ca. 10 Min.).

Olivenöl in einer Pfanne erhitzen. Pizzatomaten und Tomatensauce dazugeben. Kurz kochen lassen.

Kidneybohnen abgießen und waschen. Anschließend zu der Sauce dazugeben. Alles zusammen köcheln lassen und mit Basilikum, Salz und Pfeffer würzen.

Wenn die Cannarozzi al dente sind, die Sauce mit Kidneybohnen in den Cannarozzi-Topf (inkl. Nudelwasser) geben und umrühren.

Zitronen-Spaghetti mit Shrimps

Zutaten für 4 Personen:
1 unbehandelte Zitrone
500g Spaghetti
4 EL Olivenöl
1 ganze rote Chilischote
300g Shrimps (frisch oder aufgetaut)
1 TL Dill

Zubereitung:
Zitrone waschen und abtrocknen. Die Schale mit einem Sparschäler
abschälen und in feine Streifen schneiden. 2 EL Zitronensaft
auspressen.

Spaghetti in kochendem Salzwasser nach Packungsanweisung
kochen, kurz vor Ende der Garzeit die Zitronenschale dazugeben.
Abgießen und abtropfen lassen.

Inzwischen Olivenöl mit der Chilischote in einer Pfanne erhitzen.
Shrimps und Zitronensaft dazugeben und kurz anbraten.

Die Nudeln und den Dill mit der Sauce mischen.

Fettuccine al Salmone

(Lachs-Fettuccine)

Zutaten für 4 Personen:
400g Fettuccine (Bandnudeln)
300g Lachs (TK oder frisch)
150ml Sahne
1 Knoblauchzehe
5 EL Olivenöl
Petersilie (gehackt)
Salz, Pfeffer

Zubereitung:
Die Fettuccine im kochenden und gesalzenen Wasser al dente (ca. 11 Min.) kochen.

Die Knoblauchzehe schälen, in feine Scheiben schneiden und in Olivenöl anbraten (sehr kurz). Den Lachs dazugeben und von beiden Seiten anbraten. Die Sahne dazu mischen und etwas ziehen lassen. Mit Salz und Pfeffer würzen.

Die Nudeln beigeben und mit der gehackten Petersilie garnieren.

Tortellini überbacken

Zutaten für 4 Personen:
Olivenöl
150g TK-Blattspinat (aufgetaut)
Salz, Pfeffer
Prise Muskatnuss
400g Tortellini
1 Mozzarella
1 Zwiebel
1 Knoblauchzehe
1 Dose Pizzatomaten
1 Chilischote (frisch oder getrocknet)
1 TL Oregano (frisch oder getrocknet)

Zubereitung:
Als erstes die Tomatensauce kochen. Dazu Zwiebel und
Knoblauchzehe fein hacken und in einer Pfanne mit 2 EL Olivenöl ca.
2 Min. andünsten.
Chilischote klein schneiden und dazugeben. Tomaten, Oregano, Salz
und Pfeffer dazugeben und alles ca. 25 Min. kochen.
2 EL Olivenöl in einer Pfanne erhitzen, den Spinat ausdrücken und
darin 2 Min. andünsten. Mit Salz, Pfeffer und Muskatnuss würzen.
Eine Auflaufform mit Olivenöl einfetten und den Spinat hineingeben.

Die Tortellini nach Packungsanweisung kochen und abgießen. Gut
abgetropft auf den Spinat geben und mit der Tomatensauce
begießen. Mozzarella kleinschneiden und auf die Sauce legen.

Im vorgeheizten Backofen auf der 2. Schiene von unten bei 200°C
Ober-/Unterhitze ca. 15-20 Min. überbacken (Umluft 180°C).

Penne al Forno

(Penne überbacken)

Zutaten für 4 Personen:
Sauce: Ragu all'Elisa
500g Penne rigate
250g Mozzarella

Zubereitung:
Die Sauce „Ragu all'Elisa" zubereiten.

500g Penne rigate nach Packungsanweisung kochen und abgießen.

Mozzarella klein schneiden.

Eine Kelle von der Tomatensauce auf den Boden einer Auflaufform
verteilen. Nudeln darauf geben. Restliche Tomatensauce auf die
Nudeln/Penne verteilen und vermengen. Mozzarella darauf verteilen.

Im vorgeheizten Backofen auf der 2. Schiene von unten bei 200°C
Ober-/Unterhitze ca. 15-20 Min. überbacken (Umluft 180°C).

Spaghetti aglio, olio e peperoncino

(Spaghetti mit Knoblauch-Öl)

Zutaten für 4 Personen:
500g Spaghetti
4 Knoblauchzehen
2 Chilischoten (frisch oder getrocknet)
½ Bund frische Petersilie (glatt)
5 EL Olivenöl
Salz, Pfeffer
Parmesankäse nach Geschmack

Zubereitung:
Spaghetti nach Packungsanweisung in Salzwasser bissfest kochen, abgießen und abtropfen lassen.

Währenddessen den Knoblauch schälen und in feine Scheiben schneiden. Chilischoten ebenfalls in feine Scheiben schneiden.

Petersilie waschen und klein hacken.

Das Olivenöl in einer großen Pfanne erhitzen, den Knoblauch, die Chilischoten und die Petersilie im heißen Öl sanft braten.
Die Spaghetti in die Pfanne geben, gut vermischen und zum Schluss noch mit Salz und Pfeffer würzen.

Nach Geschmack mit Parmesankäse servieren.

Rindergeschnetzeltes auf Spaghetti

Zutaten für 4 Personen:
1 Zwiebel
2 EL Olivenöl
300g braune Champignons
400g Rinderfleisch
500g Spaghetti
250ml Fleischfond
1 Glas Weißwein
4 EL Sahne
Salz, Pfeffer
Basilikum und Petersilie nach Geschmack (klein gehackt)

Zubereitung:
Zwiebel schälen und fein würfeln. Champignons putzen und in Scheiben schneiden. Zwiebel in 1 EL Olivenöl andünsten. Champignons dazugeben und anbraten. Mit Weißwein und Fond ablöschen. Sahne dazugeben. Alles zusammen köcheln lassen.

In der Zwischenzeit Spaghetti nach Packungsanweisung kochen.

Spaghetti und die Sauce in der Pfanne vermischen und mit Salz und Pfeffer würzen.

Rinderfleisch in Streifen schneiden. Restliches Olivenöl in einer kleinen Pfanne erhitzen. Rinderfleisch darin anbraten und mit Salz und Pfeffer würzen.

Fleisch auf Pilzspaghetti anrichten und mit Kräuter bestreut heiß servieren.

Linguine alla carbonara

(Linguine nach Carbonara-Art)

Zutaten für 4 Personen:
500g Linguine
5 Eigelbe
150g (2 Scheiben) fetter Schinken (nicht geräuchert)
8 TL geriebener Pecorino (italienischer Käse)
3 EL Olivenöl
Salz, Pfeffer

Zubereitung:
Schinken in kleine Würfel schneiden. Olivenöl in einer kleinen Pfanne erhitzen und den Schinken knusprig anbraten. Herd ausschalten und den Schinken zum Abkühlen beiseite stellen.

Eier in einer Schüssel aufschlagen und mit dem Pecorino vermischen. Mit Salz und Pfeffer würzen. Abgekühlte Schinkenwürfel (inkl. Olivenöl) dazugeben und noch einmal alles zusammen vermischen.

Linguine nach Packungsanweisung in Salzwasser kochen. Abgießen, aber 3-4 EL Nudelwasser beiseitelassen.
Jetzt die Linguine mit der Eier-Sauce ganz schnell vermengen und evtl. etwas Nudelwasser dazugeben, um die Creme zu verlängern (falls nötig). Sofort servieren.

Hinweis: Mit den heißen Nudeln tendiert das Ei dazu zu gerinnen. Das Geheimnis einer perfekten Carbonara besteht darin, die Nudeln sehr schnell mit der Sauce zu vermengen, um zu vermeiden, dass das Ei „kocht" und Klumpen bildet.

Lasagne all'Elisa

Zutaten für 4 Personen:
Sauce: Ragu all'Elisa
250g Lasagne-Platten
3 Mozzarella
2 hartgekochte Eier
Parmesan nach Geschmack

Zubereitung:
Die Sauce „Ragu all'Elisa" zubereiten.

Mozzarella und hartgekochte Eier klein schneiden.

Etwas Tomatensauce in eine Auflaufform geben, darauf eine Schicht
Lasagne-Platten legen und dann Tomatensauce, etwas Mozzarella
und Ei aufstreuen. Schichten wiederholen bis Teigblätter
aufgebraucht sind.

Zum Schluss mit Tomatensauce, Mozzarella und Parmesankäse
bedecken.

Bei 200°C Ober-/Unterhitze (180°C Umluft) um die 30-45 Min. backen.

Spinat-Gnocchi mit Tomatensauce

Zutaten für 4 Personen:
Grundrezept Gnocchi
150g Spinat (frisch oder TK)
1 EL Olivenöl
1 Zwiebel
1 Dose Pizzatomaten
Salz, Pfeffer

Zubereitung:
Gnocchi-Teig, wie unter "Grundrezept Gnocchi" beschrieben, erstellen.

Spinat köcheln, abgießen, mit Eiswasser abschrecken und trocknen. Anschließend hacken und zum Gnocchi-Teig hinzufügen.

Den Teig zu dünnen Stangen rollen und in 3 cm lange Stücke schneiden. Mit dem Finger eine leichte Vertiefung in die Mitte der Gnocchi drücken.

Zwiebel schälen, klein schneiden und in Olivenöl goldgelb anbraten. Tomaten hinzufügen. Mit Salz und Pfeffer würzen und 20 Min. köcheln lassen.

Währenddessen Gnocchi 2-3 Min. in kochendes Salzwasser kochen, bis diese oben schwimmen. Abgießen und mit der Tomatensauce (nach Geschmack mit Parmesan) servieren.

Fettine impanate

(italienische Rinderschnitzel)

Zutaten für 4 Personen:
500g Rinderrouladen
Paniermehl
3 Eier
Rapsöl
Salz, Pfeffer

Zubereitung:
Eier mit einer Gabel in einem tiefen Teller aufschlagen. Mit Salz und Pfeffer würzen. Paniermehl in einen tiefen Teller füllen.

Rinderrouladen abrollen und jede Roulade in ca. 3-4 gleichgroße Stücke schneiden.

Fleisch in Ei und anschließend in Paniermehl wenden.

Raps in einer Pfanne erhitzen und die „Rinderschnitzel" von jeder Seite ca. 1-2 Min. anbraten.

P.S.: Schmecken warm und kalt

Fettine alla pizzaiola

(Rindfleisch nach Pizza-Art)

Zutaten für 4 Personen:
500g Rinderrouladen
1 Dose Pizzatomaten
1 Knoblauchzehe
3 EL Olivenöl
Salz, Pfeffer
Basilikum, Oregano (frisch oder getrocknet)

Zubereitung:
Rinderrouladen abrollen und jede Roulade in ca. 3-4 gleichgroße Stücke schneiden. Knoblauchzehe in Scheiben schneiden.

Olivenöl in einer Pfanne erhitzen, Knoblauch dazugeben und das Rinderfleisch von jeder Seite ca. 1-2 Minuten anbraten.

Fleisch aus der Pfanne nehmen und warmstellen. Pizzatomaten in die Pfanne geben, mit Salz, Pfeffer, Basilikum und Oregano würzen und ca. 15 Min. auf mittlerer Stufe kochen.

Fleisch nun wieder dazugeben und alles zusammen ca. 4 Min. kochen.

Roastbeef all'italiano

Zutaten für 4 Personen:
1 Zitrone
4 EL Olivenöl
2 EL Balsamico-Essig
2 Knoblauchzehen
Salz, Pfeffer
1 TL Thymian (getrocknet oder frisch)
1 TL Rosmarin (getrocknet oder frisch)
800g Rinderlende (Roastbeef)

Zubereitung:
Zitrone halbieren und Saft auspressen. Mit 2 EL Olivenöl und Balsamico-Essig in eine Schüssel geben. Knoblauchzehen schälen und dazu pressen. Salz, Pfeffer, Thymian und Rosmarin dazugeben und alles gut verrühren.

Das Fleisch mit kaltem Wasser abspülen, trockentupfen und auf einen großen flachen Teller legen. Die Marinade gleichmäßig auf das Fleisch verteilen und mindestens 30 Min. zugedeckt im Kühlschrank ziehen lassen.

Nach der Hälfte der Zeit das Fleisch einmal wenden und mit der runter gelaufenen Marinade bedecken.

Den Backofen schon einmal auf 250°C Ober-/Unterhitze (230°C Umluft) vorheizen. Das Fleisch aus der Marinade nehmen und gründlich abtropfen lassen.

Wichtig: Kräuter und Knoblauch abstreifen, da diese sonst im Ofen verbrennen würden.

2 EL Olivenöl in einer Pfanne erhitzen und das Fleisch darin auf jeder Seite ca. 5 Min. scharf anbraten, damit sich die Poren schließen und das Fleisch anschließend im Ofen saftig bleibt.

Nun das Fleisch in eine Auflaufform geben, mit der Marinade wieder übergießen und zugedeckt (mit Alufolie) in den Ofen bei 230°C Ober-/Unterhitze (210°C Umluft) schieben.

Nach 20 Min. die Temperatur auf 200°C Ober-/Unterhitze (180°C Umluft) reduzieren und das Fleisch weitere 20 Min. zugedeckt garen lassen. Das Fleisch aus dem Ofen nehmen, in Alufolie gewickelt 10 Minuten ruhen lassen.

Beim Aufschneiden darauf achten das Fleisch quer zur Faser in dünne Scheiben zu schneiden.

Filets vom Schwein mit Senf-Kruste

Zutaten für 4 Personen:
2 Schweinefilets (á ca. 400g)
½ Bund Petersilie
½ Bund Basilikum
1 TL Thymian (getrocknet oder frisch)
1 TL Majoran (getrocknet oder frisch)
1 EL Dijon-Senf
2 EL Paniermehl
1 Ei
Salz, Pfeffer
2 EL Olivenöl

Zubereitung:
Auflaufform mit 2 EL Olivenöl einfetten. Kräuter waschen, abtropfen und ohne Stiele sehr fein hacken (bei trockenen Kräutern selbstverständlich nicht nötig).

Die Kräuter mit Senf, Ei und Paniermehl mischen. Mit Salz und Pfeffer würzen.

Backofen auf 200°C Ober-/Unterhitze (180°C Umluft) vorheizen.

Schweinefilets mit der Mischung von allen Seiten einreiben, in die gefettete Auflaufform legen und auf die untere Schiene in den Ofen schieben. Das Fleisch ca. 20 Min. garen und dabei einmal wenden.

Nun den Ofen ausschalten und die Schweinefilets ca. 10 Min. darin ruhen lassen. Zum Servieren die Schweinefilets in Scheiben schneiden.

Putenbraten mit Steinpilzfüllung

Zutaten für 6 Personen:
30g getrocknete Steinpilze
1 Zwiebel
1 Bund Petersilie
4 EL Olivenöl
Salz, Pfeffer
200g Champignons
1 kg Putenbrust (Putenbraten)
200ml Geflügelfond
100g Sahne
1 EL Mehl

Zubereitung:
Getrocknete Steinpilze in 300ml heißem Wasser 30 Min. einweichen lassen.
Zwiebel schälen und in feine Würfel schneiden. Petersilie ohne Stiele hacken. Steinpilze am besten mit einem Kaffeefilter abgießen und die Flüssigkeit auffangen. Die Steinpilze müssen gut ausgedrückt werden und anschließend noch kleingeschnitten werden. 1 EL Olivenöl in einer Pfanne erhitzen. Zwiebel und Steinpilze darin andünsten. Mit Salz, Pfeffer und die Hälfte der Petersilie würzen. Champignons putzen und halbieren.
Putenbrust aufschneiden (längsseits) und auseinander klappen. Die Steinpilzmasse darauf streichen, das Fleisch wieder zuklappen und zusammenbinden (mit Garn). Mit Salz und Pfeffer von allen Seiten würzen. 3 EL Olivenöl in einer Pfanne erhitzen und die Putenbrust von allen Seiten scharf anbraten. Champignons dazugeben und kurz anbraten.

(weiter auf der nächsten Seite)

Fleisch mit den Champignons in eine Auflaufform legen, Steinpilzwasser und Fond dazugeben. Mit Alufolie zudecken und im Backofen bei 180°C Ober-/Unterhitze auf der 2. Schiene von unten 75 Min. garen (Wichtig: Umluft nicht zu empfehlen).

Den Putenbraten nun rausnehmen und in neuer Alufolie einwickeln. Bratensaft (mit Champignons) in einen Topf gießen. Sahne und Mehl vermischen und den Bratensaft damit binden. Mit Salz, Pfeffer und restlicher Petersilie würzen.

Garn entfernen und das Fleisch in Scheiben schneiden. Sauce dazu servieren.

Dazu passen Knödel oder Salzkartoffeln.

Italienische Rouladen

Zutaten für 4 Personen:
4 Rinderrouladen
2 Mozzarella
8 Scheiben Parma-Schinken
3 EL Olivenöl
1 Dose Pizzatomaten
500ml Tomatensauce (passierte Tomaten)
Salz, Pfeffer

Zubereitung:
Mozzarella in Scheiben schneiden. Rinderrouladen abrollen und mit je 2 Scheiben Parma-Schinken und Mozzarella belegen. Nun wieder zusammen rollen und das Ende mit einem Zahnstocher fixieren. Mit Salz und Pfeffer würzen.

Olivenöl in einem großen Topf erhitzen. Rinderrouladen von allen Seiten scharf anbraten. Tomatensauce und Pizzatomaten dazugeben und kurz erhitzen.

Nun die Hitze auf die kleinste Stufe reduzieren und das ganze ca. 2 Std. köcheln lassen.

Rinderrouladen mit der Sauce servieren.

Putenbraten all'italiano

Zutaten für 4 Personen:
900g Putenbrust (Putenbraten)
2 Knoblauchzehen
2 EL Olivenöl
Salz, Pfeffer
1 Zwiebel
1 Dose Pizzatomaten
2 EL Balsamico-Essig
1 TL getrockneter Oregano
Bratschlauch-Folie
100ml Geflügelfond

Zubereitung:
Putenbrust mit kaltem Wasser abspülen und anschließend
trockentupfen.

Knoblauchzehen abziehen, durchpressen und mit 1 EL Olivenöl, Salz
und Pfeffer verrühren. Putenbrust damit einreiben und zugedeckt 4
Std. im Kühlschrank marinieren.

Zwiebel schälen, in kleine Würfel schneiden und mit dem übrigen
Olivenöl goldgelb anbraten.

Pizzatomaten abgießen, dazugeben und erhitzen. Mit Salz, Pfeffer,
Balsamico-Essig und Oregano würzen. Geflügelfond dazugeben.

Bratrost aus dem Backofen nehmen.

Ofen auf 175°C Ober-/Unterhitze vorheizen. Bratschlauch nach Angabe zuschneiden und ein Ende verschließen. Putenbraten hineinlegen und Tomatensauce dazugeben. Schlauch verschließen und auf den kalten Rost stellen. Folie oben 1x oder 2x einstechen.

Braten in den Ofen schieben und bei 175°C Ober-/Unterhitze ca. 70 Min. garen (nicht Umluft).

Folie aufschneiden, Braten rausnehmen und mit der Tomatensauce servieren.

Hähnchenbrustfilets al Forno

(im Ofen)

Zutaten für 4 Personen:
800g Hähnchenbrustfilets
Salz, Pfeffer
2 EL Olivenöl
2 Dosen Pizzatomaten
1 Bund Petersilie
1 Bund Basilikum
2 Mozzarella

Zubereitung:
Hähnchenbrustfiles in ca. 5 cm große Stücke schneiden und mit Salz und Pfeffer würzen. Auflaufform mit Olivenöl einfetten.
Petersilie und Basilikum waschen, abtropfen und ohne Stiele fein hacken. Mozzarella in Scheiben schneiden.
Pizzatomaten in eine Schüssel geben. Mit Salz, Pfeffer, Petersilie und Basilikum würzen.

Hähnchenbrust in die Auflaufform legen. Tomatensauce darauf verteilen. Mozzarella-Scheiben auf den Fleischstücken verteilen.

Hähnchenbrust im vorgeheizten Backofen auf 180°C Umluft (200°C Ober-/Unterhitze) ca. 35-40 Min. überbacken. Sollte die Mozzarella zu schnell braun werden, dann rechtzeitig ein Stück Alufolie über die Auflaufform legen, damit nichts verbrennt.

Aus dem Ofen nehmen und vor dem Servieren ein paar Minuten ruhen lassen.

Kartoffel-Hack-Torte

Zutaten für 4 Personen:
2 EL Olivenöl
350g Kartoffeln
Salz, Pfeffer
500g gemischtes Hackfleisch
1 Ei
3 EL Paniermehl

Zubereitung:
Kartoffeln schälen und in dünne Scheiben schneiden.
Backpapier in eine Springform spannen und mit 1 EL Olivenöl
einfetten. Den Boden der Springform mit den Kartoffelscheiben in
Schichten dachziegelartig belegen. Jede Schicht mit Salz und Pfeffer
würzen.

Hackfleisch in eine Schüssel geben, Ei und Paniermehl dazugeben,
mit Salz und Pfeffer würzen und alles verkneten.
Hackmasse auf die Kartoffelscheiben verteilen und gleichmäßig bis
zum Rand drücken.
Im vorgeheizten Backofen bei 220°C Ober-/Unterhitze (200°C Umluft)
auf der untersten Schiene ca. 20 Min. backen.

In der Zwischenzeit ein Backblech mit 1 EL Olivenöl einfetten.
Kuchen aus dem Ofen nehmen, auf das Backblech stürzen, vorsichtig
die Springform entfernen und das Backblech in den Backofen
schieben.

Der Kuchen muss nun auf der mittleren Schiene ca. 15 Min. im Ofen
gratinieren. Kuchenstücke schneiden und servieren.

Hackrolle

Zutaten für 4 Personen:
30g getrocknete Tomaten in Öl
200g Frischkäse
Salz, Pfeffer
1 Zwiebel
500g gemischtes Hackfleisch
2 Eier
3 EL Paniermehl
200g Kartoffeln
300g Champignons
1 EL Mehl
100g Sahne

Zubereitung:
Tomaten abtropfen (Tomatenöl dabei auffangen) und klein würfeln.
Frischkäse mit Tomaten vermischen. Mit Salz und Pfeffer würzen.
Zwiebel schälen und fein würfeln. Hack in eine Schüssel geben, mit
der Hälfte der Zwiebelwürfel, einem Ei und Paniermehl verkneten.
Mit Salz und Pfeffer würzen.
Ein Stück Backpapier auf der Arbeitsplatte ausbreiten. Hackfleisch
rechteckig darauf ausrollen (ca. 2 cm dick). Frischkäse darauf
verteilen. Dabei rundherum einen Rand von 2 cm freilassen. Von der
langen Seiten her aufrollen und auf ein mit neuem Backpapier
belegtes Backblech legen.

Kartoffeln schälen, waschen und grob raspeln. Mit einem Ei
vermischen und mit Salz würzen. Masse auf die Hackrolle verteilen
und andrücken.

(weiter auf der nächsten Seite)

Im vorgeheizten Backofen bei 200°C Ober-/Unterhitze (180°C Umluft) ca. 60 Min. backen. Nach 40 Min. mit Alufolie abdecken, damit die Kartoffeln nicht verbrennen.

Champignons sauber machen und halbieren. 2 EL Tomatenöl in einer Pfanne erhitzen und Champignons darin anbraten. Restliche Zwiebel dazugeben und kurz mit braten. Mit Mehl bestäuben und anschwitzen. 250ml Wasser und Sahne dazu gießen und aufkochen lassen. Mit Salz und Pfeffer würzen. 5 Min. bei schwacher Hitze köcheln.

Hackrolle aus dem Ofen nehmen und mit der Sauce servieren.

Hackfleisch-Auberginen

Zutaten für 4 Personen:
4 kleine Auberginen
500g gemischtes Hackfleisch
1 Ei
3 EL Paniermehl
Salz, Pfeffer
2 EL gehackte Petersilie
1 Dose Pizzatomaten
2 Mozzarella

Zubereitung:
Stiele der Auberginen abschneiden. Jede Aubergine in 3 gleichgroße
Stücke schneiden. Die Schale in Streifen abschälen. Das weiche
Innere bis auf einen 1 cm breiten Rand und Boden mit einem Löffel
herauslösen.

Hackfleisch mit Ei, Paniermehl, Salz, Pfeffer und Petersilie verkneten.

Mozzarella in Scheiben schneiden.

Pizzatomaten in eine Auflaufform geben. Auberginen mit der
Hackmasse füllen und in die Auflaufform setzen. Mozzarella auf die
gefüllten Auberginen legen. Im vorgeheizten Backofen bei 200°C
Ober-/Unterhitze (180°C Umluft) auf der untersten Schiene 40-45
Min. backen.

Mit der Tomatensauce servieren.

Hackbraten all'italiano

Zutaten für 4 Personen:
500g gemischtes Hackfleisch
1 Ei
3 EL Paniermehl
Salz, Pfeffer
1 EL gehackte Petersilie
1 TL Oregano (frisch oder getrocknet)
1 Mozzarella
50g getrocknete Tomaten (in Öl, abgetropft)
2 EL Sahne
1 EL Olivenöl

Zubereitung:
Hackfleisch mit Ei, Paniermehl, Salz, Pfeffer, Petersilie und Oregano in einer Schüssel verkneten.

Mozzarella und Tomaten in kleine Würfel schneiden und zusammen mit der Sahne unter das Hackfleisch mischen.

Eine Kastenform mit Olivenöl einfetten. Hackmasse hineingeben und im vorgeheizten Ofen bei 190°C Ober-/Unterhitze (170°C Umluft) auf der 2. Schiene von unten ca. 40 Min. garen.

Herausnehmen/stürzen, 5 Min. ruhen lassen und in Scheiben geschnitten servieren.

Kohlrabi-Hackfleisch-Auflauf

Zutaten für 4 Personen:
1kg Kohlrabi
1 EL Olivenöl
500g Hackfleisch
Salz, Pfeffer
1 TL Oregano (frisch oder getrocknet)
200g Sahne
Prise Muskatnuss
200g Gratinkäse

Zubereitung:
Kohlrabi schälen und in dünne Scheiben schneiden. Salzwasser zum Kochen bringen. Kohlrabischeiben ca. 2-3 Min. darin blanchieren und dann abgießen.

Olivenöl in einer Pfanne erhitzen. Hackfleisch anbraten. Mit Salz, Pfeffer und Oregano würzen.

Sahne und eine Prise frisch geriebene Muskatnuss vermischen.

Kohlrabischeiben abwechselnd mit dem gebratenen Hack und 100g Gratinkäse einschichten (mit Kohlrabi abschließen). Die Muskatnuss-Sahne darüber gießen und mit dem restlichen Käse bestreuen.

Den Auflauf im vorheizten Backofen auf 200°C Ober-/Unterhitze (180°C Umluft) ca. 30 Min. backen.

Fischfilets mit Parmesan-Kruste

Zutaten für 4 Personen:
4 Scheiben Fischfilets (z.B. Kabeljau)
Salz, Pfeffer
80g geriebener Parmesan
2 Eier
2 EL Paniermehl
5 EL Mehl
3 EL Olivenöl
2 EL Butter

Zubereitung:
Fischfilets mit kaltem Wasser abspülen und anschließend
trockentupfen. Von beiden Seiten mit Salz und Pfeffer würzen.

Eier in einem tiefen Teller verquirlen. Parmesan und Paniermehl in
einem weiteren Teller vermischen.

Fischfilets erst in Mehl, dann in Ei und anschließend in der Parmesan-
Paniermehl-Mischung wenden.

Olivenöl und Butter in einer Pfanne erhitzen. Panierte Fischfilets darin
auf jeder Seite 1-2 Min. goldgelb braten.

Elisa's Pannfisch mit Senfsauce

Zutaten 4 Personen:
4 Scheiben Fischfilets (z.B. Kabeljau)
Salz, Pfeffer
2 Eier
5 EL Mehl
3 EL Olivenöl
2 EL Butter
Für die Sauce:
50g Butter
2 EL Mehl
250ml Fischfond
125ml Milch
3 EL Senf
1 Spritzer Zitrone
2 EL Petersilie

Zubereitung:
Fischfilets mit kaltem Wasser abspülen und anschließend
trockentupfen. Von beiden Seiten mit Salz und Pfeffer würzen.
Eier in einem tiefen Teller verquirlen. Mehl in einen weiteren tiefen
Teller füllen. Fischfilets nacheinander in Ei und Mehl wenden.
Olivenöl und Butter in einer Pfanne erhitzen. Panierte Fischfilets von
jeder Seite 1-2 Minuten goldgelb anbraten.

Für die Sauce: Butter in einem Topf erhitzen, Mehl dazugeben und
anschwitzen. Mit Fond und Milch aufgießen. Mit Senf, Salz, Pfeffer
und Zitronensaft würzen und kurz köcheln lassen.
Fischfilets mit Sauce servieren und mit Petersilie bestreuen.
Dazu passen Bratkartoffeln oder Salzkartoffeln.

Lachs-Lasagne

Zutaten für 4 Personen:
800g TK-Spinat
Salz, Pfeffer
4 Stück Lachsfilets
750ml Sauce Hollandaise (fertig)
200ml Gemüsebrühe
1 Mozzarella
16 Lasagneblätter

Zubereitung:
Spinat auftauen und ausdrücken. Mit Salz und Pfeffer würzen.

Lachs quer in ca. ½ cm dicke Scheiben schneiden. Sauce Hollandaise mit Gemüsebrühe verrühren.

Den Boden einer Auflaufform mit ein wenig Sauce bedecken. Die erste Schicht Lasagneblätter darauf verteilen. Diese nun mit ein wenig Sauce, einigen Scheiben Lachs und ein wenig Spinat bedecken. Und immer so weiter schichten. Anmerkung: Spinat, Sauce und Lachs sollte für ca. 5 Schichten ausreichen.

Die letzte Schicht Lasagneblätter mit der restlichen Sauce bedecken. Mozzarella klein schneiden und darauf verteilen.

Im vorgeheizten Backofen bei 180°C Ober-/Unterhitze auf der 2. Schiene von unten 30 Min. backen (Umluft nicht zu empfehlen). Evtl. nach 20 Min. mit Alufolie bedecken, damit der Käse nicht verbrennt.

Fisch-Gemüse-Auflauf

Zutaten für 4 Personen:
2 Auberginen
Salz, Pfeffer
4 Fischfilets (z.B. Rotbarsch)
2 EL Olivenöl
1 Dose Pizzatomaten
1 Knoblauchzehe
1 TL Oregano (frisch oder getrocknet)
½ Bund Basilikum
2 Mozzarella

Zubereitung:
Auberginen schälen und in Würfel schneiden. Fisch mit kaltem Wasser abspülen und anschließend trockentupfen. Von beiden Seiten mit Salz und Pfeffer würzen.

Auberginen in eine Schüssel geben. Pizzatomaten dazu gießen. Knoblauchzehe schälen und in feine Scheiben schneiden. Basilikum fein hacken. Knoblauchscheiben, Basilikum und Oregano zu den Auberginen und Tomaten geben und vermischen.

Mozzarella in Scheiben schneiden. Auflaufform mit Olivenöl einfetten.

Fischfilets in die Auflaufform legen und die Auberginen und Tomaten darüber verteilen. Mozzarella darüber geben und im vorgeheizten Backofen auf 220° Ober-/Unterhitze (200°C Umluft) ca. 20-25 Min. backen.

Parmesan-Fächer-Kartoffeln

Zutaten für 4 Personen:
4 große Kartoffeln
4 EL Olivenöl
½ Bund Basilikum
Salz, Pfeffer
200g geriebener Parmesan

Zubereitung:
Backblech mit Backpapier auslegen. Kartoffeln schälen und längst halbieren. Jede Hälfte in ca. ½ cm dicke Scheiben schneiden, dabei die Hälfte zusammen lassen, aufs Backblech legen und zu einem Fächer auseinanderziehen.

Basilikum waschen, abtropfen und fein hacken. Olivenöl mit Salz, Pfeffer und Basilikum in einer Tasse gut vermischen. Gleichmäßig auf die Fächer-Kartoffeln verteilen. Nun den geriebenen Parmesan drüberstreuen.

Backblech im vorgeheizten Ofen auf 200°C Ober-/Unterhitze auf die mittlere Schiene schieben und ca. 30-35 Min. backen (Umluft nicht zu empfehlen).

Gefüllte Ofenkartoffeln

Zutaten für 4 Personen:
4 große Kartoffeln
4 EL Olivenöl
150g geriebenen Gouda
3 Frühlingszwiebeln
2 Tomaten
1 TL Paprikapulver

Zubereitung:
Backofen auf 200°C Ober-/Unterhitze (180°C Umluft) vorheizen.
Kartoffeln auf ein Backblech legen und 1 Stunde im Ofen weich
backen.

Kartoffeln längst halbieren und aushöhlen, dabei einen 1 cm breiten
Rand übrig lassen. Schale mit Olivenöl einpinseln. Dann wieder aufs
Backblech legen und weitere 25 Min. bei 220°C Ober-/Unterhitze
(200°C Umluft) backen.

Frühlingszwiebeln in Ringe schneiden und die Tomaten in kleine
Würfel schneiden. Frühlingszwiebeln, Tomaten und die Hälfte vom
Käse mit den Kartoffelresten vermengen.

Kartoffeln in eine Auflaufform setzen und mit der Masse füllen.
Übrigen Käse und Paprikapulver darüber streuen.

Nun Kartoffeln im Backofen ca. 10 Min. überbacken.

Lachs-Kartoffeln

Zutaten für 4 Personen:
1kg Kartoffeln
Salz, Pfeffer
1 Zwiebel
200g Räucherlachs
20g Butter
30g Mehl
250ml Brühe
175ml Milch
100g Schlagsahne
1 Bund Schnittlauch

Zubereitung:
Kartoffeln waschen und mit Schale in Salzwasser ca. 20 Min. gar kochen. Kurz ausdampfen lassen, pellen und abgekühlt in Scheiben schneiden.
Zwiebel schälen und fein würfeln. 100g Räucherlachs ebenfalls fein würfeln und bei kleiner Hitze in einer Pfanne andünsten. Butter dazugeben und erhitzen. Zwiebeln dazugeben und glasig anbraten. Nun mit Mehl bestäuben und unter Rühren andünsten. Brühe, Milch und Sahne zugießen und weiterrühren. Sauce bei kleiner Hitze etwa 15 Min. köcheln lassen.

Sauce mit Salz und Pfeffer würzen. Nun den restlichen Räucherlachs in feine Scheiben schneiden und zusammen mit den Kartoffeln zur Sauce dazugeben und nochmals 10 Min. ziehen lassen.

Schnittlauch waschen, abtropfen und in feine Röllchen schneiden. Lachs-Kartoffeln mit Schnittlauch bestreuen und servieren.

Gefüllte Riesenchampignons

Zutaten für 4 Personen:
¼ Kopf Wirsing
Salz, Pfeffer
1 Zwiebel
2 EL Butter
150g Crème fraîche
3 Eier
8 Riesenchampignons
1-2 TL Senf

Zubereitung:
Wirsing waschen und trockentupfen. Blattrippen entfernen, Blätter längst dritteln und dann quer in ½ cm breite Streifen schneiden. In kochendem Salzwasser 2 Min. kochen, kalt abschrecken und gut abtropfen lassen.
Zwiebel schälen und in feine Würfel schneiden. 1 EL Butter in einer Pfanne erhitzen und Zwiebeln glasig andünsten. Crème fraîche dazugeben und mit Salz und Pfeffer würzen. Sauce vom Herd nehmen, abkühlen lassen und dann erst die Eier unterheben (sonst stockt das Ei).

Backofen auf 200°C Ober-/Unterhitze (180°C Umluft) vorheizen. Champignons putzen und den Stiel in der Mitte entfernen. Wirsing mit der Sauce vermengen. Backblech mit der übrigen Butter einfetten. Pilze innen mit Senf bestreichen und mit der Öffnung nach oben auf Backblech legen. Wirsingmasse in die Pilze füllen.

Pilze im Backofen bei 200°C Ober-/Unterhitze (180°C Umluft) ca. 20-30 Min. backen.

Rosmarin-Kartoffeln

Zutaten für 4 Personen:
4 große Kartoffeln
4 EL Olivenöl
einige Stiele Rosmarin
Salz, Pfeffer

Zubereitung:
Backblech mit Backpapier auslegen. Kartoffeln schälen, in ca. ½ cm dicke Scheiben schneiden und auf dem Backblech verteilen.

Rosmarin waschen, abtropfen und fein hacken. Olivenöl mit Salz, Pfeffer und Rosmarin in einer Tasse gut vermischen. Gleichmäßig auf die Kartoffelscheiben streichen.

Backblech im vorgeheizten Ofen auf 200°C Ober-/Unterhitze auf die mittlere Schiene schieben und ca. 30-35 Min. backen (Umluft nicht zu empfehlen).

Kartoffelecken

Zutaten für 4 Personen:
500g Kartoffeln
1 Ei
100g Paniermehl
100g Frischkäse
1 Bund Petersilie
1 EL Olivenöl

Zubereitung:
Kartoffeln schälen, halbieren und in Salzwasser ca. 20 Min. weich kochen. Anschließend abgießen und zerstampfen. Mit dem Ei und 3 EL Paniermehl zu einem glatten Teig verkneten.

Petersilie waschen, abtropfen und fein hacken. Frischkäse und Petersilie vermischen.

Aus dem Kartoffelteig 8 Kugeln formen und jeweils in der Mitte eine Mulde eindrücken. Mit einem Teelöffel den Frischkäse in die Mulde füllen und wieder verschließen. Die Kartoffelkugeln in dem übrigen Paniermehl wälzen und zu Kartoffelecken formen (durch leichten Druck).

Olivenöl in einer Pfanne erhitzen und Kartoffelecken von allen Seiten goldgelb anbraten.

Feldsalat mit Orangenfilets

Zutaten für 4 Personen:
2 Orangen
300g Feldsalat
50g Pinienkerne
2 EL Balsamico-Essig
2 EL Olivenöl
1 TL Honig
1 TL Senf
3 EL Orangensaft
Salz, Pfeffer

Zubereitung:
Den Feldsalat verlesen und gut waschen, abtropfen lassen, dann in eine ausreichend große Schüssel geben. Orangen schälen, filetieren und in kleinen Stücken zum Salat geben.

Die Pinienkerne in einer beschichteten Pfanne goldbraun rösten.

Öl, Essig, Honig, Senf, Orangensaft, Salz und Pfeffer in einen Schüttelbecher geben und kräftig schütteln, kurz vor dem Servieren (sonst fällt alles so schnell zusammen) über den Salat geben und diesen dann gut mischen. Die noch warmen Pinienkerne darüber streuen.

Nudelsalat mediterran

Zutaten für 4 Personen:
250g Penne rigate
1 gelbe Paprika
1 rote Zwiebel
250g Cherry-Tomaten
1 Zucchini
2 EL Balsamico-Essig
2 EL Olivenöl
Salz, Pfeffer

Zubereitung:
Penne nach Packungsanweisung bissfest kochen.

Ofen auf 180°C Ober-/Unterhitze (Umluft nicht zu empfehlen) vorheizen. Backblech mit Backpapier auslegen.

Paprika in ca. 2-3 cm große Stücke schneiden. Zwiebel schälen und in Würfeln schneiden. Zucchini ebenfalls in 2-3 cm große Stücke schneiden.

Paprika, Zwiebel, Cherry-Tomaten und Zucchini auf das Backblech legen und ca. 15 Min. im Ofen rösten. Auskühlen lassen.

Öl, Essig, Salz und Pfeffer in einen Schüttelbecher geben und kräftig schütteln.

Penne mit dem Ofengemüse und dem Öldressing vermengen.

Salat mit Parmesan und Roastbeef

Zutaten für 4 Personen:
2 Kopf Mini-Romanasalat
1 Bund Rucola
4 EL Balsamico-Essig
1 TL Senf
3-4 EL Olivenöl
1 TL Honig
Salz, Pfeffer
150g Parmesan (Stück)
250g Roastbeef (in Scheiben)

Zubereitung:
Salat putzen, waschen und in mundgerechte Stücke schneiden. Vom Rucola die Stiele abtrennen, die Blätter waschen und ebenfalls schneiden. Salate gut trockenschütteln.

Olivenöl, Essig, Senf, Honig, Salz und Pfeffer in einen Schüttelbecher geben und kräftig schütteln.

Backofen auf 200°C Ober-/Unterhitze vorheizen. 120g Parmesan fein reiben, damit auf einem mit Backpapier ausgelegtes Backblech 8 Chips backen (ca. 10 Min.).

Restlichen Parmesan fein hobeln (Späne). Roastbeef-Scheiben halbieren, mit den Salaten auf Tellern anrichten. Mit Dressing beträufeln. Parmesan-Chips und -Späne dekorativ dazulegen.

Brotsalat

Zutaten für 4 Personen:
200g Meterbrot/Baguette
500g Tomaten
1 Mozzarella
6 EL Olivenöl
2 EL Balsamico-Essig
1 TL Senf
1 TL Honig
Salz, Pfeffer
½ Eisbergsalat

Zubereitung:
Brot in 2 cm dicke Scheiben schneiden und im heißen Ofen bei 200°C Ober-/Unterhitze knusprig rösten. Etwas abkühlen lassen und anschließend grob würfeln.

Tomaten waschen, Mozzarella abtropfen lassen, beides in Scheiben schneiden.

Olivenöl, Essig, Senf, Honig, 2 EL Wasser, Salz und Pfeffer in einen Schüttelbecher geben und kräftig schütteln. Mit den vorbereiteten Zutaten mischen und kurz durchziehen lassen. Salat putzen, waschen und in mundgerechte Stücke schneiden und unterheben.

Tomaten-Knödel-Gratin

Zutaten für 4 Personen:
1 Pck. Kartoffel-Knödel-Teig (halb & halb, für 750ml Flüssigkeit)
Salz, Pfeffer
6 Tomaten
2 Mozzarella
6 EL Olivenöl
½ Bund Basilikum
2 EL Pinienkerne

Zubereitung:
Knödelteig nach Packungsanweisung zubereiten. Zwei große Stücke Frischhaltefolie auf der Arbeitsfläche ausbreiten. Jeweils die Hälfte des Knödelteiges darauf geben und zu je einer Rolle formen. Jede Rolle dann noch in Alufolie einwickeln. Folienende eindrehen. Rollen in kochendem Wasser ca. 30 Min. garen.

Inzwischen Tomaten waschen, Mozzarella abtropfen und beides in Scheiben schneiden. Backofen auf 200°C Ober-/Unterhitze (180°C Umluft) vorheizen.

Auflaufform mit 1 EL Olivenöl einfetten. Knödelrollen aus der Folie wickeln und in 1 cm breite Scheiben schneiden. Abwechselnd mit Tomaten und Mozzarella in die Form dachziegelartig anrichten. Übriges Öl darüber träufeln.

Basilikum abbrausen und Blätter in Streifen schneiden. Pinienkerne, Basilikum, Salz und Pfeffer über das Gratin streuen und im Ofen bei 200°C Ober-/Unterhitze (180°C Umluft) 15 Min. überbacken.

Senf-Eier

Zutaten für 4 Personen:
1 Zwiebel
4 EL Butter
4 EL Mehl
400ml heiße Gemüsebrühe
400ml Milch
8 Eier
2 EL Senf
Salz, Pfeffer
1 TL Zitronensaft

Zubereitung:
Zwiebel schälen und fein würfeln. Butter in einem Topf erhitzen.
Zwiebel hinzufügen und glasig andünsten. Mehl dazugeben und kurz
mit dünsten. Die Brühe und Milch unter Rühren zugießen. Aufkochen
und ca. 10 Min. bei schwacher Hitze köcheln lassen, dabei immer
wieder umrühren.

Eier in kochendem Wasser 5-6 Min. wachsweich kochen.

Senf in die Sauce rühren. Mit Salz, Pfeffer und Zitronensaft
abschmecken.

Eier abschrecken, schälen und halbieren. Eier mit der Sauce servieren.
Dazu passen Salzkartoffeln oder Reis.

Champignoncremesuppe

Zutaten für 4 Personen:
1 Schale Champignons (400-500g)
1 EL Butter
1 Schalotte
750ml Gemüsebrühe
200g Schlagsahne
3 EL Mehl
250ml Milch
Salz, Pfeffer
1 Bund Petersilie

Zubereitung:
Schalotte schälen und in kleine Würfel schneiden. Champignons putzen, Stiele entfernen und in Scheiben schneiden.

Butter in einem Topf erhitzen. Schalotten hellgelb anrösten. Champignons dazugeben und weiterrösten. 1 EL Mehl dazugeben und kurz mit dünsten. Die Brühe und Milch unter Rühren zugießen. Aufkochen und ca. 10 Min. bei schwacher Hitze köcheln lassen, dabei immer wieder umrühren.

Sahne mit 2 EL Mehl in einen Schüttelbecher geben und kräftig schütteln. Die Suppe damit andicken und 5 Min. kochen lassen. Mit Salz und Pfeffer würzen.
Mit Pürierstab pürieren.

Petersilie waschen, trocken und fein hacken. Suppe mit Petersilie bestreut servieren.

Melanzane al forno

(Auberginen im Ofen)

Zutaten für 4 Personen:
2 große Auberginen
1 Dose Pizzatomaten
100g geriebenen Parmesan
2 Mozzarella
Mehl
Olivenöl
Fett zum Frittieren
Salz, Pfeffer
1 TL Oregano (frisch oder getrocknet)

Zubereitung:
Auberginen schälen und längst in ½ cm dicke Scheiben schneiden.
Auberginenscheiben auf Küchenpapier legen und von beiden Seiten
mit Salz bestreuen. Küchenpapier auf die gesalzenen
Auberginenscheiben legen, damit der bittere Saft aufgenommen
wird. 30 Min. ruhen lassen.
Fett in einer Pfanne erhitzen. Auberginenscheiben trockentupfen, in
Mehl wenden und im Fett frittieren (ca. 1 Min. pro Seite). Scheiben
aus dem Fett nehmen, auf Küchenpapier legen und beiseite stellen.
Pizzatomaten mit Salz, Pfeffer und Oregano mischen. Mozzarella in
Scheiben schneiden.

In eine gefettete Auflaufform eine Schicht Auberginen legen, mit
Tomatensauce bedecken, Parmesan und Mozzarella darüber geben.
Den Vorgang wiederholen, bis alle Zutaten verbraucht sind.
Im vorgeheizten Backofen bei 200°C Ober-/Unterhitze (180°C Umluft)
ca. 20 Min. gratinieren.

Risotto mit Pfifferlingen

Zutaten für 4 Personen:
2 Knoblauchzehen
650ml Gemüsebrühe
6 EL Olivenöl
200g Risotto-Reis
200ml Weißwein
3 Frühlingszwiebeln
400g Pfifferlinge
250g Shrimps oder Garnelen
50g Butter
80g geriebener Parmesan
Salz, Pfeffer

Zubereitung:
Knoblauchzehen schälen und in feine Würfel schneiden.
Gemüsebrühe aufkochen und heiß halten. 4 EL Olivenöl in einem
Topf erhitzen und Knoblauch glasig andünsten. Risotto-Reis
dazugeben und kurz mit dünsten. Mit Weißwein ablöschen. Ca. ¼ der
Brühe dazu gießen und unter Rühren aufkochen. Bei mittlerer Hitze
unter häufigem Rühren ca. 20 Min. garen. Dabei nach und nach die
restliche Brühe zugeben.

Währenddessen die Frühlingszwiebeln putzen und in 1 cm breite
Stücke schneiden. Pfifferlinge putzen (evtl. waschen und
trockenschütteln).
2 EL Olivenöl in einer Pfanne erhitzen. Pfifferlinge und
Frühlingszwiebeln darin anbraten. Mit Salz und Pfeffer würzen. 4 Min.
vor Ende der Garzeit unter den Risotto rühren. 1 Min. später die
Shrimps dazugeben.
Zum Schluss Butter und Parmesan unten den Risotto geben.

Kürbissuppe

Zutaten für 4 Personen:
1 Hokkaido-Kürbis (ca. 1,0 - 1,5kg)
1 Zwiebel
4 Kartoffeln
2 Karotten
750ml Gemüsebrühe
Salz, Pfeffer
150g Crème fraîche

Zubereitung:
Kürbis zuerst vierteln, Kerne und Fäden mit einem Löffel entfernen und anschließend in Würfel schneiden. Zwiebel schälen und in kleine Würfel schneiden. Kartoffeln und Karotten schälen. Beides in Würfel schneiden.

Kürbis, Zwiebel, Kartoffeln und Karotten mit der Gemüsebrühe zum Kochen bringen und zugedeckt bei kleiner Hitze ca. 40 Min. köcheln lassen.

Die Suppe mit einem Pürierstab pürieren und mit Salz und Pfeffer abschmecken. Crème fraîche unterheben und servieren.

Champignons-Spinat-Risotto

Zutaten für 4 Personen:
100g Blattspinat (tiefgekühlt)
1 Stange Lauch
1 EL Olivenöl
300g Risotto-Reis
1 l Gemüsebrühe
250g Champignons
175g Frischkäse

Zubereitung:
Spinat auftauen und gut ausdrücken. Lauch in ½ cm breite Ringe schneiden. Olivenöl in einer Pfanne erhitzen und Lauchringe darin anbraten. Risotto-Reis dazugeben und schmoren, bis er leicht glasig wird. Mit 100ml Gemüsebrühe ablöschen und unter Rühren aufkochen.

Bei mittlerer Hitze unter häufigem Rühren ca. 20 Min. garen. Dabei nach und nach die restliche Brühe zugeben.

Champignons putzen und vierteln. Champignons und Spinat zum Risotto dazugeben und kurz mit garen. Frischkäse bei milder Hitze in dem Risotto schmelzen lassen und sofort servieren.

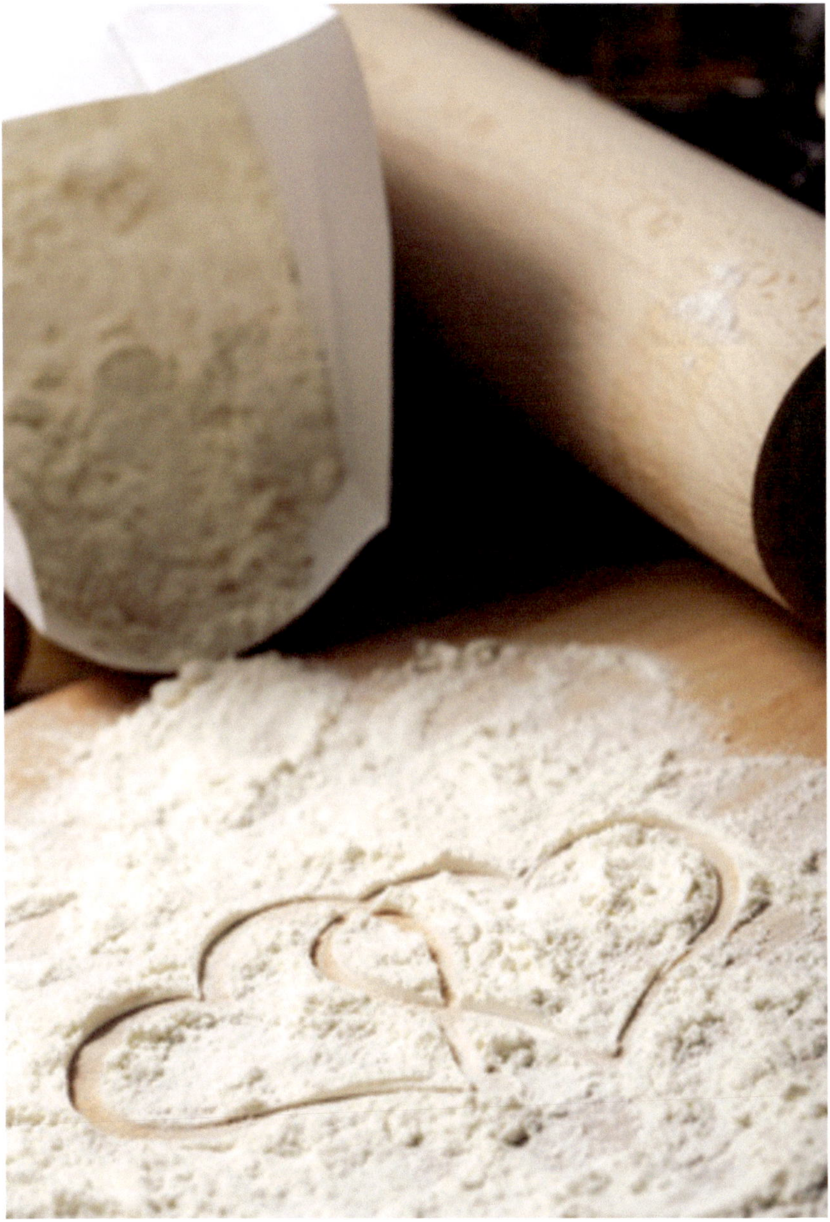

Käse-Röstzwiebel-Brot

Zutaten für 4 Personen:
500ml warmes Wasser
950g Mehl
20g Salz
2 Pck. Trockenhefe
400g Käse (Gouda, gewürfelt)
150g Röstzwiebeln
1 Ei

Zubereitung:
Mehl, Wasser, Hefe, Salz und Öl in einer großen Schüssel mit den Knethaken rühren bis alles gründlich vermengt ist. Dann mit den Händen weiterarbeiten und den Teig kneten bis er sich elastisch und fest anfühlt (es sollte nichts mehr kleben).

Anschließend den Teig (in der Schüssel) zudecken und 30 Min. an einem warmen Ort gehen lassen.

Käse und Röstzwiebeln in den Teig einkneten. Teig zu einem Brotlaib formen und auf ein mit Backpapier ausgelegtes Backbleck legen. Mit Ei bestreichen.

Brot im vorgeheizten Backofen ca. 30 Min. bei 225°C Ober-/ Unterhitze backen. Anmerkung: Brot ist fertig, wenn es beim Klopfen auf der Unterseite hohl klingt.

Tomaten-Brötchen

Zutaten für 4 Personen:
260g Mehl
160ml Tomatensauce (passierte Tomaten)
½ Pck. Trockenhefe
Salz
1 TL getrockneter Thymian

Zubereitung:
Mehl in eine Schüssel geben. Tomatensauce erwärmen und Hefe
darin auflösen. Zusammen mit Salz und Thymian dem Mehl
hinzufügen und zu einem Teig verkneten. Teig in der Schüssel
zugedeckt an einem warmen Ort ca. 20 Min. gehen lassen.

Teig nochmals durchkneten, in sechs gleiche Teile teilen und zu
Brötchen formen. Brötchen auf ein mit Backpapier ausgelegtes
Backblech legen und zugedeckt nochmals ca. 20 Min. gehen lassen.

Bei 200°C Ober-/Unterhitze (180°C Umluft) ca. 25 Min. backen.

Tiramisu

Zutaten für 4-6 Personen:
2 Eigelb
150g Zucker
4 EL Amaretto
500g Mascarpone
200g Schlagsahne
1 Pck. Löffelbiskuits
350ml Espresso
Kakaopulver

Zubereitung:
Eigelb, Zucker und Amaretto so lange schaumig rühren bis sich der Zucker aufgelöst hat. Mascarpone unterrühren. Schlagsahne steif schlagen und ebenfalls unterheben.

Löffelbiskuits in Espresso tauchen. Aus den Biskuits, der Creme und Kakaopulver Schichten bilden. Im Kühlschrank über Nacht ziehen lassen.

Vor dem Servieren mit Kakaopulver bestreuen.

Crêpes mit Marzipansahne

Zutaten für 4 Personen:
250g Mehl
500ml Milch
3 Eier
1 Prise Salz
Fett
2 Becher Sahne
1 Rolle Marzipan

Zubereitung:
Mehl, Milch, Eier und Salz zu einem Crêpes-Teig verrühren. Etwas Fett
in einer Pfanne erhitzen. Etwa eine Kelle Teig in der Pfanne dünn
verteilen und von jeder Seite goldgelb anbraten. Crêpes abkühlen
lassen.

Sahne schlagen. Marzipanrolle in kleine Stücke schneiden, in die
Sahne geben und fein pürieren/mixen.

Sahne-Marzipan-Mischung in die Crêpes einrollen. Dazu passt eine
heiße Kirschsauce.

Grießpudding

Zutaten für 4 Personen:
1l Milch
30g Butter
100g Zucker
1 Pck. Vanillinzucker
1 Prise Salz
125g Grieß
2 Eier

Zubereitung:
Milch, Butter, Zucker, Vanillinzucker und Salz in einem Topf zum Kochen bringen. Grieß einrühren und quellen lassen.

Eier trennen. Eiweiß steifschlagen.

Eigelb in den Grießpudding geben und Eischnee unterheben. Abkühlen lassen und servieren.

Panna-Cotta

Zutaten für 4 Personen:
4 Blatt Gelatine
400g Schlagsahne
2 EL Zucker
Mark einer Vanilleschote

Zubereitung:
Gelatine in kaltem Wasser einweichen. Sahne, Zucker und Mark der Vanilleschote in einem Topf aufkochen lassen. Ca. 5 Min. unter Rühren köcheln. Ca. 15 Min. abkühlen lassen.

Gelatine ausdrücken und unter Rühren in der Sahne auflösen.

Creme in 4 kalt ausgespülten Förmchen füllen und mind. 4 Std. kalt stellen.

Nach Belieben mit Früchten (oder Fruchtpüree) servieren.

Torta al cioccolato

(Schokoladenkuchen)

Zutaten:
300g Zartbitterschokolade
150g Butter
5 Eier
100g Zucker
2 EL Mehl
Fett für die Kuchenform

Zubereitung:
Schokolade mit der Butter im Wasserbad schmelzen. Kurz abkühlen lassen. Eier trennen.

Eiweiß steif schlagen. Eigelbe mit Zucker aufschlagen, Mehl dazugeben und flüssige Schokolade hinzufügen. Zuletzt Eischnee unterheben.

Tortenform einfetten. Teig hineingeben und im vorgeheizten Backofen bei 160°C Ober-/Unterhitze für 30-40 Min. (Umluft nicht zu empfehlen) backen. Sollte die Oberfläche der Torte zu dunkel werden, dann nach der Hälfte der Backzeit mit Alufolie bedecken.

Vanille-Muffins

Zutaten für 12 Portionen:
1 Pck. Blätterteig (Kühlregal)
250g Sahne
250ml Milch
1 Pck. Vanillepudding (zum Kochen)
2 Eigelb
50g Zucker
Fett für Muffinform
Puderzucker

Zubereitung:
Sahne und 200ml Milch aufkochen. 50ml Milch,
Vanillepuddingpulver, Eigelbe und Zucker verrühren. Zur kochenden
Sahnemilch geben und erneut aufkochen lassen. Lauwarm auskühlen
lassen.

Aus dem Blätterteig 12 Kreise für die Muffinform schneiden.
Muffinform einfetten, Kreise in die Mulden legen und andrücken. Mit
einem Zahnstocher einige Löcher in den Blätterteig stechen.
Vanillecreme gut durchrühren und in die Mulden geben.

Muffinform im vorgeheizten Ofen bei 230°C Ober-/Unterhitze
(Umluft nicht zu empfehlen) auf der untersten Schiene 20 Min.
backen. Abkühlen lassen und mit Puderzucker bestäuben.

Zitronen-Frischkäse-Torte

Zutaten:
180g Löffelbiskuits
120g Butter
1 Pck. Götterspeise Zitrone
200ml Wasser
200g Frischkäse (oder Magerquark)
125g Zucker
2 EL Zitronensaft
500ml Sahne

Zubereitung:
Für den Teigboden: 150g Löffelbiskuits in einer Plastiktüte mit einem Fleischklopfer zerdrücken. Butter zerlassen und mit den zerdrückten Biskuits in einer Schüssel gut verrühren. Auf dem Boden einer Springform gleichmäßig verteilen und gut andrücken (Tipp: Backpapier auf den Boden der Springform legen).

Belag: Sahne steif schlagen. Götterspeise mit dem Wasser anrühren, 10 Min. quellen lassen, unter Rühren erhitzen bis sie sich aufgelöst hat. Abkühlen lassen. Frischkäse (oder Magerquark) mit Zucker und Zitronensaft verrühren, lauwarme Götterspeise unterrühren, wenn die Masse dicklich wird die Sahne unterheben.

Masse auf den Teigboden verteilen und glattstreichen. Restliche Löffelbiskuits zerdrücken und auf die Masse streuen. Torte über Nacht kalt stellen.

Rotweinkuchen

Zutaten:
300g Mehl
300g Zucker
4 Eier
200ml Rotwein
300g Butter oder Margarine
1 Pck. Vanillinzucker
1 Pck. Backpulver
Schokostreusel nach Geschmack
Fett für die Guglhupf-Form
Zimt

Zubereitung:
Eier, Zucker, Vanillinzucker und Butter schaumig schlagen. Mehl und Backpulver unterrühren. Rotwein, Schokostreuesel und eine Messerspitze Zimt hinzufügen.

Alles verrühren, in eine gefettete Guglhupf-Form füllen und im vorheizten Backofen bei 200°C Ober-/Unterhitze (180°C Umluft) ca. 60 Min. backen.

Bananen-Muffins

Zutaten für 12 Muffins:
2 reife Bananen
3 Eier
150g Butter oder Margarine
150g Zucker
150g Mehl
½ Pck. Backpulver
Muffin-Papierförmchen

Zubereitung:
Eier, Butter und Zucker schaumig schlagen. Bananen kleinschneiden und mit einer Gabel zerdrücken und unter die Eiercreme rühren. Backpulver und Mehl unter den Teig rühren.

Papierförmchen in die Vertiefungen einer Muffin-Form stecken und mit Teig füllen.

Im vorgeheizten Backofen bei 200°C Ober-/Unterhitze (180°C Umluft) ca. 15-20 Min. backen.

Erdbeer-Brandteigherz

Zutaten:
250ml Wasser
60g Butter oder Margarine
1 Prise Salz
150g Mehl
4 Eier
5 Blatt Gelatine
500g Erdbeeren
4 EL Grenadine
170ml Sahne
1 Pck. Vanillinzucker
3-4 EL Puderzucker

Zubereitung:
Wasser mit Salz und Butter in einen Topf geben und zum Kochen
bringen. Das Mehl in den Topf schütten und mit einem Kochlöffel
unterrühren. Die Mehlmasse bei mittlerer Hitze so lange rühren bis
sich am Boden ein weißer Belag bildet. Den Teig in eine Schüssel
umfüllen, 1 Ei dazugeben und mit den Knethaken des Handrührers
unterkneten. Dann nach und nach die restlichen Eier unter den Teig
rühren. Auskühlen lassen.
Ein Backblech mit Backpapier belegen und ein Herz darauf zeichnen.
Die Hälfte des Teiges auf dem Herzen ausstreichen. Den restlichen
Teig in einem Spritzbeutel mit Sterntülle füllen und das Herz damit
umranden.
Aus dem restlichen Teig dann noch 9 kleine Herzen spritzen.
Den Teig im vorgeheizten Backofen bei 200°C Ober-/Unterhitze
(180°C Umluft) auf der 2. Schiene von unten ca. 20-25 Min. backen.

(weiter auf der nächsten Seite)

Die Gelatineblätter in kaltem Wasser einweichen. Erdbeeren waschen und putzen. 250g Erdbeeren pürieren, mit 3 EL Grenadine süßen. Gelatine auflösen und unterrühren.

100g Erdbeeren würfeln. Sahne mit Vanillinzucker steif schlagen und unter das Erdbeerpüree rühren.

Herz auskühlen lassen und mit der Creme bestreichen.

Restliche Grenadine mit Puderzucker verrühren und auf die kleinen Herzen streichen. Herz mit den kleinen Herzen, restlichen Erdbeeren und Erdbeerwürfeln garnieren.